ERFOLG DURCH LEADERSHIP

Tipps zum Motivieren
und Inspirieren Ihres Teams

ERFOLG DURCH LEADERSHIP

Tipps zum Motivieren
und Inspirieren Ihres Teams

Verfasst von Bertrand de Witte

Übersetzt von Mareike Lobeck

Für die Arbeitswelt 50MINUTEN.de

ERFOLG DURCH LEADERSHIP

- **Ziel**: zu einem vorbildlichen Leader werden
- **Anwendung**: Mit ausgeprägten Leadership-Kompetenzen kann man sein Potenzial als Führungskraft optimal nutzen, die Motivation seiner Mitarbeiter stärken und hoch gesteckte Ziele erreichen.
- **Arbeitskontext**: Teamführung, Unternehmensführung
- **FAQ**:
  - Was sind die zwölf essentiellen Eigenschaften eines Leaders?
  - Kann ein Manager zum Leader werden?
  - Kann ein Leader zum Manager werden?
  - Wie stelle ich eine Vertrauensbasis in meinem Team her?
  - Wie festige ich meine Führungsrolle, wenn es in meinem Team zu Machtspielen kommt?
  - Bedeutet Leadership Manipulation?
  - Was sollte ein Leader tun, wenn Leadership im Unternehmen nicht wertgeschätzt wird?

Leadership spielt gerade in privaten Unternehmen und Verbänden, in der Politik und beim Militär eine Rolle. Im Folgenden wird auf die Aspekte des Leadership in Unternehmen eingegangen.

In der Arbeitswelt hängt die Wertschätzung von Leadership-Kompetenzen stark von der Unternehmenskultur ab. Dabei werden sie immer stärker nachgefragt und nehmen heute einen festen Platz in Stellenbeschreibungen, Mitarbeiterbeurteilungen und Fortbildungen ein. Zahlreiche Unternehmen fördern Leadership-Kompetenzen innerhalb ihres Managements und ehrgeizige Mitarbeiter versuchen ebenfalls selbst ihren Einfluss geltend zu machen. Leadership ist für Führungskräfte bzw. die, die es werden wollen, zu einem unerlässlichen Teil ihrer Kompetenzen geworden.

> Ich bin nicht dazu da, zu überwachen, was meine Teams einbringen oder ob sie korrekt arbeiten. Vielmehr besteht meine Aufgabe darin, sicherzustellen, dass die Mitarbeiter ihre Mission verstanden haben und über die notwendigen Mittel verfügen, um sie zu erfüllen,

Die zahlreichen Tipps in diesem Buch werden von Erfahrungen, die Experten und Entscheidungsträger sehr unterschiedlicher Unternehmen gemacht haben, veranschaulicht. Diese Erkenntnisse ermöglichen Ihnen, Ihre Arbeitsweise zu optimieren und Fehler zu vermeiden, die sich fatal auf Ihre Karriere auswirken könnten. Dank Ihrer so gestärkten Leadership-Kompetenzen können Sie erfolgreich und nachhaltig durchstarten. Werden Sie zu einem selbstbewussten und bei Ihrem (zukünftigen) Team hochgeschätzten Leader!

---

1. Übersetzt für 50Minuten.de

LEADERSHIP: DIE GRUNDLAGEN

Leadership und Management

Die Rollen des Leaders und des Managers werden einander häufig gleichgesetzt, dennoch bezeichnen sie nicht dasselbe. Abraham Zaleznik („Managers et leaders, en quoi sont-ils différents?", 1999) und John P. Kotter („Qu'est-ce que le leadership?", 1999) definieren sie wie folgt:

- Im Management dient Autorität der Freisetzung von begrenzten Ressourcen zur Produktion von Gütern oder Dienstleistungen. Der Manager nutzt also die Autorität, die ihm dank seiner Position in der Hierarchie formal gegeben und die in seiner Stellenbeschreibung festgelegt ist. Sie spiegelt das Vertrauen seiner Vorgesetzten wider, das sie ihm für die Erfüllung bestimmter Aufgaben entgegenbringen. Der Manager behält den Überblick, organisiert, überwacht und findet zudem Lösungen für anfallende Probleme. Seine Planung und Koordinierung des Teams ist dabei kurz- bis mittelfristig. Bei seinen Überlegungen stellt sich der Manager in der Regel Fragen nach dem Wie.

- Leadership hingegen bezeichnet die Fähigkeit, seinen Einfluss so einzusetzen, dass ein bestimmtes Ziel erreicht wird. Ein Leader kann seine Mitarbeiter von einer Idee bzw. einem Projekt überzeugen und begeistern, sowie sie dazu antreiben, gesteckte Ziele zu erreichen. Der Leader teilt seine langfristige Vision und stellt sein Team entsprechend auf. Dabei versucht er meist Fragen nach dem Warum zu beantworten.

Manager und Leader

MANAGER	LEADER
Formal • wird hierarchisch bestimmt und dem Team vorgesetzt • hat eine formale Autorität • „steht über", ist anderen „vorgesetzt" • hat einen offiziellen Status **Verwalter** • strukturiert • organisiert • leitet • macht operativ • bleibt rational • überwacht • plant Prozesse • teilt seine Ideen mit	**Inoffiziell** • wird als solcher vom Team anerkannt • besitzt Einfluss, hat Charisma • steht „an der Seite" der anderen • nimmt eine Funktion, eine Rolle ein **Visionär** • gibt Orientierung • hat eine Strategie • führt und coacht • führt Umbrüche herbei und gibt Impulse • fördert Innovation • delegiert • sucht nach überraschenden Lösungen • schafft eine Atmosphäre, die die Kreativität des Teams fördert

MANAGER	**LEADER**
Gute Absicht • konzentriert sich auf Tätigkeiten • entwickelt Vorgehensweisen • nutzt sein Team • flößt Angst ein • steckt einen Rahmen und toleriert **Fordert** • sagt „ich" • sagt „ihr"	**Einfluss** • konzentriert sich auf die Mitarbeiter • entwickelt Talente • schenkt dem Team Anerkennung • schafft Begeisterung • unterstützt und teilt **Bittet** • sagt „wir"

Beim Leadership werden daher mehr Emotionen einbezogen als beim Management. Der Leader motiviert seine Mitarbeiter, indem er ein Zusammenhörigkeitsgefühl entstehen lässt und ihnen Anerkennung zollt. Zudem kann er gut mit Veränderungen umgehen und stellt sich unsicheren Situationen. Das Vorgehen des Leaders ist vorbildlich, weshalb die Mitarbeiter sowohl an ihn als auch an sich selbst glauben. Zudem stellt er Sachverhalte deutlich dar, indem er ihnen ihren Platz im Geschehen zuweist. Dank der so entstehenden Vertrauensbasis folgen die Mitarbeiter ihm gern.

Nichtsdestotrotz ist der Grat zwischen Manager und Leader recht schmal. Exzellente Führungskräfte verknüpfen ganz selbstverständlich ihre Management- und Leadership-Kompetenzen. Dabei kann das eine nicht vom anderen getrennt werden:

> Ich ziehe „Führung" dem Begriff „Leadership" vor, da er die Aspekte Einfluss, Beziehung, Zuhören, Autorität, Vertrauen, Kreativität, sowie Übereinstimmung von Worten und Taten miteinander verbindet und sein Sinn sich außerdem auf Team, Handeln, Entscheiden und Überlegen ausdehnt. Daher scheint es mir wenig sinnvoll, die Begriffe „Leader" und „Manager" voneinander abzugrenzen. Als Kapitän eines Kriegsschiffs, das wochenlang in Krisengebieten im Einsatz ist, habe ich gelernt, wie man führt, also im Gefecht das Kommando übernimmt, in Momenten, in denen kein Dialog möglich ist. Außerdem habe ich gelernt, dann zu managen, wenn etwas vorbereitet und die Solidarität der Besatzung gestärkt

wird. Der Raum-Zeit-Kontext sollte dabei den potenziellen Leader in seinem Handeln leiten.[1]
Admiral Olivier Lajous, ehemaliger Personalchef der französischen Marine

Leadership und Unternehmenskultur

Eine Person mit ausgeprägten Leadership-Kompetenzen wird sich in einer Unternehmenskultur, die ihr viel Freiraum für Kreativität lässt, mehr entfalten.

So kann Leadership in einem Unternehmen, das hauptsächlich auf Arbeitsteilung sowie einfachen und repetitiven Tätigkeiten beruht und wo die Mitarbeiter einem Vorgesetzten unterstellt sind, der seine Ansichten autoritär durchsetzt, nur schwer bestehen. Die Entscheidungsgewalt in einem solchen System ist an der Hierarchiespitze angesiedelt und lässt wenig Raum für (Eigen-) Initiative. Fließbandarbeit ist ein bezeichnendes Beispiel dafür, doch nicht nur in der Industrie, auch im Handel und der Verwaltung gibt es zahlreiche Führungskräfte, die diesen Taylorismus anwenden.

---

1. Übersetzt für 50Minuten.de

Start-ups hingegen gelten als anpassungsfähig und unabhängig (Getz und Carney, 2012) und entwickeln sich, indem sie Unsicherheiten miteinplanen und schnell innovative Lösungsansätze finden. In diesem Unternehmensmodell wird großen Wert auf Initiative und Innovation gelegt. Die Mitarbeiterführung ist kollaborativ; sie wird von den Teams getragen, wobei diese eigenständig sind und sowohl den Werten des Unternehmens als auch dessen Zweck treu sind.

Natürlich befindet sich zwischen diesen beiden Extremen eine große Menge an Unternehmen, deren Leadership-Ausprägung weder dem einen noch dem anderen zugeordnet werden kann. Ein Leader sollte daher einen Platz finden, wo er genügend Spielraum für Kreativität und das eigene Handeln hat.

Leadership als Wettbewerbsvorteil

Sie verfügen über Kenntnisse im Bereich Technik oder Management? Um mehr zu erreichen, sollten Sie außerdem Leadership-Kompetenzen entwickeln.

In einer Welt, die sich stetig verändert und wo Anpassungsfähigkeit und Innovativität einen Wettbewerbsvorteil bedeuten (wenn nicht sogar überlebenswichtig sind), suchen Unternehmen mehr als je zuvor nach Persönlichkeiten, die strategische Veränderungen anregen und steuern können. Die Globalisierung und neue Technologien zwingen uns heutzutage alle – auf die eine oder andere Weise – unsere Vorgehensweise zu überdenken. Veränderung ist unumgänglich geworden und findet immer regelmäßiger statt. Um wettbewerbsfähig zu bleiben, reicht Management deswegen nicht mehr aus. Organisationen im weitesten Sinn benötigen Mitarbeiter und Mitarbeiterinnen, die kreativ sind, sich Unsicherheiten stellen, ihre Ressourcen mobilisieren und in Zeiten organisatorischer Umstrukturierung bzw. ungünstiger Konjunktur neuen Sinn stiften.

ZUSATZINFORMATION: LEADERSHIP BEI NESTLÉ

Nestlé wurde 1866 in Folge einer Innovation gegründet und ist dank kontinuierlicher Anpassungen zu einem der größten

Unternehmen in der Lebensmittelbranche geworden, obwohl diese als besonders instabil gilt.

Seit 1997 veröffentlicht Nestlé seine „Management- und Führungsprinzipien", an die sich alle Mitarbeiter halten sollen. Diese greifbare Umsetzung der Unternehmenskultur erklärt die Führungswerte und -bewertungskriterien, sowie die Führungsprinzipien und -engagements der Unternehmensleitung.

Kurz gefasst beinhalten diese Kriterien: persönliches Engagement, Initiative, Förderung, Motivation, Neugier, Innovation, Anpassungsfähigkeit und Interkulturalität. Die Wahl eines internen Bewerbers auf einen Posten mit großer Verantwortung hängt von dessen Einhaltung dieser Kriterien ab, sowie von seinen beruflichen Fähigkeiten, seiner praktischen Erfahrung und seiner Einstellung zum ergebnisorientierten Arbeiten.

Fortbildungen ermöglichen jedem Mitarbeiter beruflich weiterzukommen und sich entsprechend seines Fachgebiets und seiner Fähigkeiten zu entfalten. Nestlé er-

mutigt seine Mitarbeiter auf allen Ebenen
zur Entwicklung des Unternehmens beizu-
tragen, indem jeder „einen eigenen Beitrag
zur Verbesserung der Geschäftsergebnisse
und der persönlichen Weiterentwicklung"
(Nestlé, 2005, S. 7) leistet.

STECKT IN IHNEN EIN LEADER?

Ein wahrer Leader zeichnet sich durch seinen
Platz im Team, seine Vision, seine Ausstrahlung,
sowie seine Kompetenzen und Fähigkeiten aus.

Platz im Team

Als Leader nehmen Sie ganz natürlich die
Führungsposition ein, das heißt, Sie führen das
Team an. Sie können das Team zur Arbeit anregen
und gleichzeitig Innovation einführen. Genauso
gelingt es Ihnen, etablierte Strukturen aufzuwei-
chen und stattdessen neue Abläufe einzuführen
und überzeugend zu rechtfertigen. Ihr Ziel dabei
ist, die Teammitglieder am Veränderungsprozess
teilhaben zu lassen, indem Sie ihnen Sicherheit
geben. Sie leiten den Wechsel aus einer (manchmal gut etablierten) Komfortzone auf einen

nun als notwendig angesehenen neuen Weg. Dabei achten Sie darauf, dass das Team den Übergang Schritt für Schritt bewältigt. Kommt dabei jemand ins Stolpern, ermutigen Sie zum Weitergehen, bis jeder vom Vorhaben überzeugt ist.

Vision

Sie beweisen Ihre Leadership-Kompetenzen in Krisensituationen, wenn ein wichtiges Ziel erreicht werden muss oder Sie etwas über-treffen möchten. Denn Leadership entsteht bei Herausforderungen. Haben Sie diese er-kannt, können Sie nicht anders als zu handeln. Prominente Beispiele von Leadern sind Gandhi, Martin Luther King und Nelson Mandela, die weltweit jeweils für ihren gewaltfreien Einsatz gegen Ungerechtigkeit und Rassismus bekannt geworden sind.

Ausstrahlung

Ihr Charisma ist im Unternehmen bekannt. Überlegen Sie, was zu Ihrer Beliebtheit geführt hat! Welche Handlungen und entscheiden-den Eigenschaften haben zu Ihrem positiven

Ruf geführt? Jeder Moment und jede Ihrer Besonderheiten machen einen Teil Ihrer Leader-Ausstrahlung aus. Dabei stechen Sie durch Ihre Leistung wie auch durch Ihre Gewohnheiten oder Außergewöhnlichkeit hervor. Berühmte Beispiele für solche Besonderheiten sind Napoleons aufeinanderfolgenden Feldzüge, Angela Merkels Raute und die bezeichnenden Zigarren von Winston Churchill und von Fidel Castro. Jeder kann eine Anekdote erzählen, von einem Erfolg berichten, oder die Eigenschaften einer weltbekannten Leader-Persönlichkeit oder eines Leaders aus dem Beruf nennen, weil ihre Ausstrahlung so beeindruckend ist.

Kompetenzen und Fähigkeiten

Ihr Erfolg ist untrennbar mit der Demonstration Ihrer Fähigkeiten verbunden. Sie sind für bestimmte Talente sowie Ihre Kompetenz in einem bestimmten Bereich bekannt. Dabei umgeben Sie sich geschickt mit Menschen, die Ihre Kompetenzen ergänzen. Ihre Kenntnisse inspirieren Ihr Umfeld und sichern Ihnen eine ausgeprägte Glaubwürdigkeit. Beispiele unserer Zeit sind bedeutende Innovatoren der neuen

Technologien: Steve Jobs (Apple), Larry Page (Google), sowie Richard Branson (Virgin Group), Ingvar Kamprad (Ikea), Taiichi Ōno (Toyota-Produktionssystem) etc.

ZUSATZINFORMATION: BERUFLICHE UND PERSÖNLICHE KOMPETENZEN

Ein Leader sollte berufliche und persönliche Kompetenzen miteinander verbinden (Kouzes und Posner, 2012).

- Berufliche Kompetenzen
  - Der Leader weist den Weg, sprich er erklärt eindeutig das angestrebte Ziel: Welches Ideal soll erfüllt und welche Werte vertreten werden?
  - Außerdem gibt er seine Vision weiter. Dazu erläutert er sein Bestreben und beantwortet die Frage: „Was wollen wir erreichen?"
  - Der Leader versucht die bestehende Situation zu erklären, Sachverhalte geordnet darzustellen und so zu erkennen, welche Gelegenheiten sich zum Handeln bieten. Er entwickelt zudem eine Taktik.

- ◦ Er schafft motivierende und erfolgver-
  sprechende Bedingungen. Seine stets
  positive Einstellung macht ihn zu einem
  Coach, der berät und Vertrauen schafft.
- ◦ Der Leader packt ebenfalls selbst mit an,
  besonders in schwierigen Situationen.
  Er erklärt, dass alle Tätigkeiten zum
  Erreichen des gesetzten Ziels erforder-
  lich sind und macht sich auch selbst die
  Hände schmutzig, um so zu motivieren.
  Seine Vorbildlichkeit hebt ihn von den
  Mitläufern ab.

- • Persönliche Kompetenzen
  - ◦ Der Leader hat Macht, sowohl durch
    seinen Einfluss über andere als auch über
    das Unternehmen, da er der bzw. einer der
    Hauptakteur(e) hinsichtlich Innovation
    oder Personalmanagement ist.
  - ◦ Er ist authentisch, da er von seinem
    Vorgehen überzeugt ist. Ein Leader,
    der seinen Werten nicht treu ist, wird
    schnell enttarnt und verliert das in ihn
    gesetzte Vertrauen.
  - ◦ Die Erfahrung des Leaders legitimiert
    seinen Platz.
  - ◦ Mit seinem Charisma versteht, vereint,

motiviert und beeinflusst er sein Umfeld. Er beweist eine außerordentliche emotionale Intelligenz.

DIE VERSCHIEDENEN ARTEN DES LEADERSHIP

Die acht Archetypen des Leaders (Kets de Vries, 2008)

Kets de Vries zufolge gibt es im Leadership acht verschiedene Führungsstile. Diese Einteilung ermöglicht Ihnen, Ihren eigenen Führungsstil zu bewerten und Ihre Stärken und Schwächen zu erkennen. Die unterschiedlichen Ausprägungen können sich zwar ergänzen, doch auf den verschiedenen Stationen Ihrer beruflichen Laufbahn werden einige dominanter sein und einige weiter in den Hintergrund rücken. Stärken Sie Ihre Leadership-Kompetenzen, indem Sie an ihren Schwächen arbeiten.

- **Der Baumeister**: Sie planen ein umfangreiches Projekt bzw. ein enormes Vorhaben. Sie sind ein Visionär und Ihre Absichten haben das Potenzial, die Welt zu verändern (auch auf lokaler Ebene), indem Sie Größeres vorhaben als Ihre Zeitgenossen. Dabei haben Sie meist das Wohl der Menschen im Blick und verfolgen bestimmte Werte.

- **Der Soziale**: Sie wollen in Ihrem Umfeld für Harmonie sorgen sowie Menschen zusammenführen. Daher pflegen Sie die Beziehungen zwischen diesen und sich selbst. Sie lassen die Teammitglieder in einem oder mehreren Projekten zusammenarbeiten. Anders als der Baumeister verfolgen Sie jedoch mehr als nur eine einzelne Absicht.
- **Der Kommunikative**: Auch wenn Sie nicht der geborene Rhetoriker sind, können Sie sich gut ausdrücken und so Ihr Umfeld erreichen. Sie sprechen gerne vor Publikum und wissen Ihre Ideen zu verteidigen.
- **Der Stratege**: Sie sind ein strategischer Leader und entwerfen für die verschiedensten Situationen eine passende Methode. Damit erreichen Sie Ihre Ziele, selbst wenn andere versuchen, Ihre Pläne zu durchkreuzen. Sie beeinflussen das Geschehen und können Situationen zu Ihrem Vorteil drehen.
- **Der Katalysator**: Sie stellen Ihre Leadership-Kompetenzen unter Beweis, wenn Sie dies weiterbringt. Diese bedeuten für Sie ein Plus,

das Ihnen hilft, sich weiterzuentwickeln, mehr Leistung zu erbringen oder Ihre Macht auszudehnen.

- **Der Innovative**: Etwas zu erschaffen liegt in Ihrer Natur. Sie erforschen, entdecken, probieren aus und verbessern. Zudem beherrschen Sie die jeweiligen Vorgehensweisen. Sie sind außerordentlich kreativ und träumen davon, eines Tages zu einem Vorreiter in Ihrem Bereich zu werden.
- **Der Manager**: Ihre Kompetenzen im operativen Management ergänzen Ihre Fähigkeit, von Ihrer Kreativität und emotionalen Intelligenz Gebrauch zu machen.
- **Der Coach**: Sie glauben an die Fähigkeiten jedes einzelnen und versuchen dessen Potenzial weiterzuentwickeln.

Das Managerial Grid bzw. Verhaltensgitter (Blake und Mouton, 1987)

Manche Menschen übernehmen gerne die Führung eines Teams, andere kümmern sich lieber um die praktische Umsetzung. Ordnet man diese beiden Vorlieben jeweils auf einer Axe an, können in dem so entstehenden „Verhaltensgitter" fünf Management-Typen bestimmt werden, die verschiedene Führungsstile beinhalten.

Managerial Grid

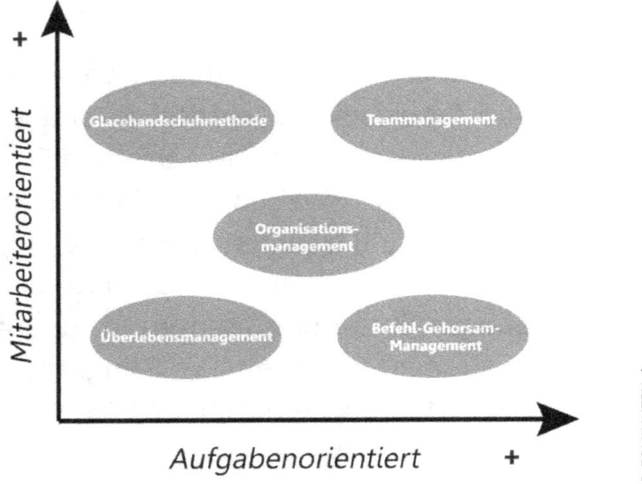

- **Befehl-Gehorsam-Management**: Sie inte-
ressieren sich in erster Linie für die praktische
Umsetzung und weniger für Ihre Mitarbeiter.
Sie planen, überprüfen und leiten, wobei
Prozesse und Ziele für Sie im Vordergrund stehen. Sie fordern die Einhaltung Ihrer Vorgaben
und bestrafen Regelverstöße.
- **Überlebensmanagement**: Sie beschäftigen
sich weder besonders mit der Produktion
noch mit den Mitarbeitern. Sie lassen Ihr
Team selbst Entscheidungen treffen und

geben sich mit den Ergebnissen zufrieden. Dabei sind Sie überzeugt, dass das Team durch Selbstregulierung von alleine Lösungen findet. So müssen Sie selbst keine Verantwortung übernehmen und streichen dennoch die Gewinne ein. Dieser Managementstil ist beinahe frei von Leadership: Sie sind quasi ein Anti-Leader.

- **Glacehandschuhmethode**: Ein gutes Miteinander im Team steht für Sie im Vordergrund und Sie beschäftigen sich nicht allzu sehr mit der praktischen Umsetzung. Außerdem kontrollieren Sie nicht gerne und versuchen lieber den anderen zu gefallen, indem Sie deren Bedürfnissen nachkommen.

- **Organisationsmanagement** (in der Mitte zwischen aufgabenorientierter und mitarbeiterorientierter Axe): Sie handeln leicht zu erreichende Ziele aus und sorgen für eine möglichst angenehme Atmosphäre, indem sie motivieren anstatt Befehle zu erteilen.

- **Teammanagement**: Praktische Umsetzung und Mitarbeiter stehen für Sie an gleicher Stelle. Sie sind ein ausgeglichener Leader, da sie mit einem Klima des Vertrauens wahren Einsatz in Ihrem Team fördern, um so die gesetzten Ziele zu erreichen. Sie ermutigen Ihr Team und ziehen es in die Entscheidungsfindung mit ein, sowohl auf operativer Ebene als auch bei der Überprüfung der Prozesse.

Bei ING Belgien zählen nicht nur die erbrachten Ergebnisse. Alle Mitarbeiter und Manager werden außerdem nach der Art und Weise beurteilt, wie sie diese Ergebnisse erbracht haben. Das beinhaltet ihre Fähigkeit, Verantwortung zu übernehmen und selbstständig zu handeln, mit ihren Kollegen zusammenzuarbeiten und ihnen zu helfen, sowie ihr Bestreben den Kundenservice voranzubringen. Die Rolle des Leaders ist essentiell: Er soll in den Mitarbeiter den Wunsch wecken, die Unternehmenskultur ganz praktisch zu leben. Die Leader sind damit die Vorreiter dieser positiven Dynamik, da ihr vorbildliches Verhalten ihre Mitarbeiter motiviert. Ich kombiniere in der Organisation verschiedene Leader-Typen. Eine der wichtigsten Eigenschaften ist in meinen Augen, dass sie sich für die Entwicklung der Organisation einsetzen und nicht nur ihre Karriere im Blick haben. Hinzu kommen das Vertrauen und die Selbstständigkeit, die sie ihren Mitarbeitern bieten, ihre Fähigkeit, konkrete Hilfestellungen zu geben und ihre

Die Autonomie des Teams stärken

Die Leistung Ihres Teams hängt zu großen Teilen von ihrem Leadership-Stil ab. Die Theorie des situativen Führens (Hersey und Blanchard, 1977) kann Ihnen dabei helfen, in den verschiedenen Situationen die richtigen Entscheidungen zu treffen. Ihr Führungsstil sollte sich an den Reifegrad des Mitarbeiters bzw. des Teams anpassen, damit jeder an Autonomie gewinnen kann. Die Reife der Gruppe sowie Ihrer Führung durchläuft also verschiedene Phasen.

---

2. Übersetzt für 50Minuten.de

Situatives Führen

- **Unterweisen**: Auf dieser ersten Ebene führen Sie, indem Sie erklären, welche Aufgaben erledigt werden müssen und wie dies geschehen soll. Dazu stellen Sie die benötigten Ressourcen zur Verfügung und geben Feedback. Sie sprechen von Organisation, Anweisung und Kontrolle.
- **Überzeugen**: Auf dieser Ebene sind Vertrauen und Kommunikation bereits ausgeprägter.

Sie bilden Ihr Team aus und überzeugen es mithilfe von Informationen und Argumenten. Diese führen das Team in Richtung des zu erreichenden Ziels. Sie zeigen, überzeugen und mobilisieren. Dabei sollten Sie nicht vergessen, dass nichts so überzeugend ist wie ein handfester Beweis.

- **Beteiligen**: Wenn das Team informiert wurde und bereit ist, mit der Arbeit zu beginnen, können Sie es ins Handeln und Entscheiden miteinbeziehen. Anstatt anzuleiten und zu überprüfen, können Sie sich nun mehr den Beziehungen zu den Mitarbeitern widmen. Sie arbeiten im Team – deswegen müssen Sie mit diesem verhandeln, wie Sie Ihre Entscheidungsgewalt delegieren. Damit beginnt eine Phase, in der Sie Ihr Team unabhängig arbeiten lassen. Sie haben ein offenes Ohr, geben Ratschläge und verhandeln.

- **Delegieren**: Nun geben Sie weiter Verantwortung ab. Das gegenseitige Vertrauen wird durch positive Erfahrungen gestärkt. Sie lassen Ihr Team Verantwortung übernehmen und geben ihm einen gewissen Handlungsspielraum, damit es auf eigene Initiative agieren kann. Behalten Sie im Auge, was Sie übertragen haben, aber lassen Sie Ihr Team auch Risiken eingehen. Um Ihre Führungsposition zu bewahren, sollten Ihre Teams nicht komplett in die (großen) Entscheidungen eingebunden sein. Entziehen Sie bei Schwierigkeiten dem Team nicht Ihr Vertrauen, sondern bedenken Sie, dass auch Sie einen Teil der Verantwortung tragen.

Seit der Gründung von EXKI habe ich zur Ausbreitung des Unternehmens beigetragen – zunächst in Brüssel, dann in Paris und zurzeit in New York. Bei jeder Einführung bestand meine Aufgabe darin, schnell ein effizientes Team zusammenzustellen. Im Laufe meiner Karriere habe ich festgestellt, dass ein Team zu größerer Eigenständigkeit zu führen bedeutet, das Übernehmen von Verantwortung durch die einzelnen Mitarbeiter zu fördern, angefangen beim Teamleiter. Dieser muss die ihm notwendige Unterstützung erhalten, während ihm mit wachsender Eigenständigkeit immer größere Freiheiten gegeben werden. Außerdem muss jeder Mitarbeiter seine Mission verstehen und motiviert werden. Manchmal ist es schwierig, alles gleichzeitig zu managen, wenn das Team dann aber eine Struktur annimmt, Verantwortung übernimmt

> und jeder am Erfolg beteiligt ist, kann ich mich der Öffnung neuer Märkte zuwenden. Eigenständigkeit ist für mich der Raum, etwas verwirklichen und ausdrücken zu können, wobei man gleichzeitig stolz auf die Erfolge sein, aber auch Fehler machen kann. Meiner Meinung nach entsteht Eigenständigkeit durch Motivation, Kreativität und Begeisterung.[3]
> *Laurent Khan, CEO, EXKI New York*

Je mehr Erfahrung man sammelt, desto mehr kann man seine Leadership-Kompetenzen weiterentwickeln. Diese sind einem nicht angeboren, sondern können erlernt werden. Ein Manager, der seine Karriere vorantreiben möchte, sollte daher seine Leadership-Kompetenzen ausbauen.

---

3. Übersetzt für 50Minuten.de

TOP TIPPS

- Arbeiten Sie an Ihrer **emotionalen Intelligenz**: Lernen Sie sich dazu näher kennen, um Ihren Einsatz besser bemessen und Ihre Wünsche eindeutiger formulieren zu können. Seien Sie sich der anderen vollkommen bewusst, versuchen Sie, sie zu verstehen und pflegen Sie die Beziehung zu ihnen. Halten Sie Ihre Launen unter Kontrolle, um Ihr rationales Denken nicht zu gefährden (versuchen Sie beispielsweise nicht, andere zu manipulieren und bestrafen Sie nicht im Affekt).

ZUSATZINFORMATIONEN: EMOTIONALE INTELLIGENZ

Emotionale Intelligenz bezeichnet die Fähigkeit, die eigenen Emotionen und die der anderen zu erkennen, sich ihrer bewusst zu sein, sie zu verstehen und sie auszudrücken. Das ermöglicht, die eigenen Emotionen ebenso wie die der anderen bzw. eines Teams zu steuern. In der

Unternehmenswelt ist eine solche Fähigkeit von bedeutendem Vorteil.

- Entwickeln Sie eine klare **Vision**: Stellen Sie sich die Zukunft vor, denken Sie global und umfassend, lassen Sie sich inspirieren und vermitteln Sie Ihre Sicht der Dinge. Formulieren Sie komplexe Sachverhalte in einer eindeutigen, positiven und ehrgeizigen Mission, deren Etappen erreichbar und deren Ressourcen verfügbar sind: Stellen Sie komplizierte Dinge einfach dar, um so Ihr Umfeld von Ihrer Sache zu überzeugen.
- **Motivieren** Sie Ihre Mitarbeiter: Teilen Sie Ihnen mit, welche Aufgaben zu erledigen sind, fördern Sie Initiativen und geben Sie konstruktives Feedback unabhängig vom erbrachten Ergebnis. Feiern Sie Erfolge und haben Sie Spaß – auch in Meetings: So stärken Sie das Zusammenhörigkeits- und Zugehörigkeitsgefühl.
- Seien Sie ein **Vorbild** für Ihr Umfeld: Halten Sie Ihr Wort und Ihre Versprechen. Übernehmen Sie selbst Aufgaben im Team und stellen Sie sich Herausforderungen. Bleiben Sie kompetent und entwickeln Sie Ihre Fähigkeiten

weiter. So werden Sie ebenfalls selbstbewusster und glaubwürdiger.

- Streben Sie nach höherer **Leistung**, um Zeit und Ressourcen zu sparen und diese stattdessen für die Weiterentwicklung einsetzen zu können.
- Fürchten Sie sich nicht vor **Veränderung**, sondern planen Sie diese mit ein. Nehmen Sie sich die Zeit, nachzudenken und Ihr Umfeld um Rat zu fragen – und lassen Sie sich von stichhaltigen Argumenten überzeugen. Führen Sie Tests durch, bis Sie die beste Möglichkeit gefunden haben, Ihr Ziel zu erreichen. Ändern Sie Ihre Vorgehensweisen. Entwickeln Sie alles weiter und bleiben Sie sich dabei treu.
- Gehen Sie **Risiken** ein: Niemand erreicht große Dinge, ohne Niederlagen eingesteckt zu haben. Einen Leader erkennt man an seiner Fähigkeit nie aufzugeben. Gestehen Sie sich Ihre Fehler ein und lernen Sie aus ihnen.
- Entwickeln Sie Ihre **Überzeugungskraft**: Seien Sie in der Lage, Ihr Anliegen jederzeit darzulegen. Beweisen Sie ihre Fähigkeit zuzuhören, um so zu motivieren, zu überzeugen, zu informieren, anzuleiten, zu verhandeln, zu werben und Ihre Ideen sowie Ihr Team zu

verteidigen. Natürlich passen Sie sich dabei Ihrem Publikum an. Seien Sie mit Herz und Seele dabei und drücken Sie sich entsprechend aus. Faszinieren Sie!

- Vergessen Sie nicht zu **kommunizieren**: Das bedeutet in erster Linie, die Bedürfnisse der anderen wahrzunehmen. Vergewissern Sie sich, dass Sie ihre Sichtweise richtig verstanden haben, indem Sie sie in eigenen Worten widergeben.

FAQ

WAS SIND DIE ZWÖLF ESSENTIELLEN EIGENSCHAFTEN EINES LEADERS?

- Integrität
- Begeisterung
- Charisma
- Vorbildlichkeit
- Erinnerungsfähigkeit
- Vision
- Kommunikation
- Urteilskraft
- Entscheidungswille
- Fähigkeit zu delegieren
- Fähigkeit, die Stimmung aufzulockern
- Fähigkeit, Ressourcen ausfindig zu machen und sie effizient zu mobilisieren

KANN EIN MANAGER ZUM LEADER WERDEN?

Manche Manager besitzen zwar keine Leadership-Kompetenzen, führen ihre Arbeit aber dennoch hervorragend aus. Sie benötigen die

Fähigkeiten eines Leaders also nicht unbedingt. Es gelingt ihnen außerordentlich gut, die in ihrer Verantwortung liegenden Teams und Tätigkeiten zu managen, ohne dabei innovative Ideen einzubringen, Einfluss zu üben oder ihre Mitarbeiter zu inspirieren. Diese Aufgabe überlassen sie vielmehr ihren Vorgesetzten. Manche Unternehmen geben sich mit operativen Managern zufrieden, die keine Leadership-Ambitionen haben.

Natürlich kann ein Manager dennoch zu einem Leader werden, wenn er sich Zeit für die emotionale Seite des Team-Managements nimmt und seine Fähigkeit anwendet, seine Mitarbeiter zu begeistern und zu mehr Engagement anzuregen. Leadership-Kompetenzen kann man sich erarbeiten, das heißt jeder, der es möchte, kann diese entwickeln.

KANN EIN LEADER ZUM MANAGER WERDEN?

Auch dies ist möglich. Aber Vorsicht! Manche Leader sind keine guten Manager. Sie besitzen nicht unbedingt einen Sinn fürs Operative, Konkrete und für die Organisation der Arbeit.

Es kann daher durchaus sein, dass ein Leader hervorragend Einfluss ausübt und inspiriert, sowie dem Unternehmen neue Perspektiven aufzeigen kann, aber dennoch unfähig ist, Arbeit zu strukturieren.

Management- und Leadership-Kompetenzen ergänzen sich also, unabhängig davon, ob sie in einer Person vereint sind oder von verschiedenen Personen verkörpert werden.

TIPP FÜR DEN ARBEITGEBER

Leadership ist in Organisationen essentiell. Leader sollten über einen gesunden Menschenverstand und die auf ihrem Posten benötigten Kompetenzen verfügen sowie zur Entwicklung der Organisation beitragen.

Dennoch sollte man sich vor unkontrollierbaren Leadern in Acht nehmen. Mit ihrem Charisma und ihrer Überzeugungskraft können sie Teams auch in gefährliche Gewässer steuern. Teamleiter sollten aus diesem Grund keine vollkommene Freiheit genießen.

Ohne Vertrauen ist es unmöglich, ein Team zum Ziel zu führen. Die folgenden fünf Dimensionen des Vertrauens (Schindler und Thomas, 1993) sollten Sie berücksichtigen:

- **Integrität**: Worte und Taten der Führungskraft stimmen überein.
- **Kompetenz**: Eignung, Wissen und die Fähigkeit, zu delegieren
- **Konsistenz** im Handeln und der Urteilskraft der Führungskraft
- **Loyalität**: Treue gegenüber der Mission und kein Opportunismus seitens der Führungskraft
- **Offenheit**: Jeder hat die Möglichkeit, sich ohne Zwang auszudrücken

BLUE ANTIDOTE ist ein Start-up, das Handelsvertreter von Pharmazie-Unternehmen mit Applikationen für iPads ausstattet. Dank dieser Applikationen können die Vertreter den Wert der medizinischen Produkte, die sie anbieten, besser vermitteln. Zu Beginn des Projekts habe ich Experten um mich versammelt, deren spezielle Profile sich gegenseitig ergänzten, um einen Prototyp zu entwickeln. Dabei waren mir die Kompetenzen jedes Einzelnen am wichtigsten, unabhängig davon, ob es sich um Kenntnisse im Pharmazie- oder Software Development-Bereich handelte. Das Team hat sich um ein innovatives Projekt herum gebildet. Zu Beginn bestanden unsere Meetings aus sehr intensiven Austauschen, in denen viel erklärt wurde. Jeder sollte die Mission verstehen. Meine Rolle bestand darin, jeden Einzelnen auszurichten. Für das Projekt war es von großer Bedeutung, im Team, zu den Kunden und den Partnern Vertrauen zu schaffen. Wir mussten beweisen, dass unser Vorhaben gelingen wird. Das Start-up ist durch Feedback und stetige Verbesserung gewachsen. Während des Wachstums wird jedes Teammitglied eigenständiger. So können wir in Zukunft neue Projekte angehen.[1] *Augustin Terlinden, Unternehmensgründer, Blue Antidote*

WIE FESTIGE ICH MEINE ROLLE ALS LEADER, WENN ES IN MEINEM TEAM ZU MACHTSPIELEN KOMMT?

Wenn Sie ein Team leiten, das aus starken Persönlichkeiten besteht, befinden Sie sich möglicherweise in einer schwierigen Lage. Finden Sie

---

1. Übersetzt für 50Minuten.de

heraus, wie Sie Ihre Position zurückerlangen können: Benötigen Sie eine Schulung, ein Coaching oder hierarchische Unterstützung? Dabei werden Sie natürlich an Ihrer Persönlichkeit arbeiten, um Ihre Leadership-Kompetenzen auszubauen.

Um zumindest wieder eine gleichberechtige Beziehung herzustellen, sollten Sie gegebenenfalls Ihren Vorgesetzten miteinbeziehen. Zu den grundlegenden Aufgaben eines Unternehmensführers gehört es, seinem Management-Team bei Leadership-Konflikten zur Seite zu stehen. Selbst wenn ein Mitarbeiter seine eigenen Leadership-Kompetenzen einsetzen will, muss er begreifen, dass sein Manager dennoch der Chef bleibt.

Helfen Sie diesem Mitarbeiter bei seiner Arbeit, aber weisen Sie sein Machtspiel zurück. Sie können ihn auch dazu ermuntern, sich auf eine Stelle mit mehr Verantwortung zu bewerben. Sie sollten Ihre Durchsetzungsfähigkeit unter Beweis stellen und anstatt dem aufstrebenden Mitarbeiter die Flügel zu stutzen, sollten Sie ihm vielmehr helfen, konstruktiv und unternehmerisch denken zu lernen. Mit Workshops zur Förderung der kollektiven Intelligenz können

Sie Ihre Mitarbeiter ebenfalls zu neuen Ideen anregen: „Gemeinsames Leadership kann sich bezahlt machen!"[2] (Gibeault, 2012).

BEDEUTET LEADERSHIP MANIPULATION?

Leadership ist nicht gleichbedeutend mit Manipulation. Manipulieren heißt, seinen Einfluss auszunutzen, um die eigenen Ziele zu erreichen, ohne die Gedankenfreiheit seines Gegenübers zu respektieren. Leadership hingegen ist die Fähigkeit, sein Gegenüber zu überzeugen, sodass sich dieser für eine Sache bzw. ein Ziel einsetzt, weil er nun selbst dahintersteht.

Ein Leader wird durch die Anerkennung seines Umfelds legitimiert. Er setzt sich durch und äußert seine Wünsche nachdrücklich, aber nicht aggressiv. Außerdem hört ein Leader zu und akzeptiert Meinungen, die nicht mit seiner eigenen übereinstimmen. Er versucht Konflikte zu lösen und kann sein Verhandlungsgeschick einsetzen, um Win-win-Situationen zu schaffen.

---

2. Übersetzt für 50Minuten.de

WAS SOLLTE EIN LEADER TUN, WENN LEADERSHIP IM UNTERNEHMEN NICHT WERTGESCHÄTZT WIRD?

Betrachten Sie Ihre Situation von außen und stellen Sie sich folgende Fragen: Stehen Sie zu Ihrer Mission und den Unternehmenswerten? Sind Sie vollauf dabei? Passt Ihr Leadership-Typ zu den Erwartungen der Organisation? Besteht gegenseitiges Vertrauen? Fehlt es Ihnen an Erfahrung?

Entwickeln Sie Ihre beruflichen und persönlichen Kompetenzen so viel Sie können weiter. Wenn Ihre Arbeit aber nicht erfüllend für Sie ist und sich Ihnen keine andere Tür öffnet, wäre es für Sie sicherlich von Vorteil, nach einem Unternehmen zu suchen, dass Ihrer Persönlichkeit besser entspricht. Haben Sie schon darüber nachgedacht, sich selbstständig zu machen?

JETZT SIND SIE GEFRAGT!

Mit der folgenden sechsstufigen Methode und den dazugehörigen Tipps können Sie Ihre Karriere vorantreiben und vom Manager zum Leader werden (Charan, Drotter und Noel, 2010).

1. Nur wenn man in der Lage ist, auch sich selbst zu organisieren, kann man zum Manager werden. Dazu beginnt man, das eigene Verhalten mit ein wenig Abstand zu überprüfen, um so seine persönlichen und beruflichen Kompetenzen zu verbessern. Entdecken Sie, was in Ihnen steckt, indem Sie Projekte angehen, doch beschränken Sie sich nicht nur auf das Operative. Stellen Sie sich auch die folgenden Fragen: „Warum mache ich das?", „Mache ich es gut?" und „Wie kann ich es besser machen?"

Machen Sie sich mit dem Management vertraut, indem Sie aus Ihrer Rolle des Mitarbeiters in die des Managers schlüpfen. So lernen Sie, Verantwortungen an die verschiedenen Mitglieder Ihres Projektteams zu verteilen.

2. Der zweite Schritt besteht im Managen des Teams, indem Sie Ziele festlegen und die benötigten Mittel bereitstellen. Lernen Sie, Ihr Team zu bewerten, Feedback zu geben und es zu besserer Leistung zu ermuntern.

Schätzen Sie ab, welche Schwierigkeiten bestehen könnten und welche Ressourcen benötigt werden. Managen Sie die Machtspiele (einflussreiche Gruppen und Bündnisse).

3. Wenn Sie lernen, wie Sie andere Manager managen, machen Sie einen großen Schritt nach vorne. Sie verlassen damit den operativen

Bereich und nehmen eine funktionale Rolle ein. So lernen Sie langfristige Ziele zu setzen und die Verbindung zwischen den Teamleitern zu pflegen. Hierbei sind Ihre Leadership-Kompetenzen gefragt.

To do

Stärken Sie soziale Beziehungen, beschäftigen Sie sich eingehender mit dem finanziellen Management und Reporting.

4. Übernehmen Sie die Verantwortung für eine Abte und werden Sie so zu einem guten funktionalen Manager. Festigen Sie Ihre Fähigkeiten im Personal- und Budgetmanagement, indem Sie die vorhandenen Strategien optimal verwalten.

To do

Versuchen Sie Ihr Umfeld von vorne bis hinten zu verstehen. Entwickeln Sie eine Vision. Steigern Sie die Leistung Ihres Teams, indem Sie die Fähigkeiten Ihrer Mitarbeiter ausbauen. Entdecken Sie zusätzliche Ressourcen und effizientere Vorgehensweisen. Machen Sie Ihre Mitarbeiter zu einem einsatzstarken sowie proaktiven Team und überzeugen Sie sie, Ihnen zu folgen. Dabei liegt der Schlüssel im gegenseitigen Vertrauen, für das Sie bereits eine Grundlage geschaffen haben.

5. Sie sind nun Manager einer Unternehmenseinheit geworden. Dabei beweisen Sie Ihre Fähigkeit, parallel mehrere Teams zu leiten. Sie nehmen nun eine noch wichtigere strategische Rolle ein.

TO DO

Bleiben Sie sich selbst, Ihrer Vision und Ihren Werten treu. Gewinnen Sie etwas Abstand, um Ihre beruflichen wie auch persönlichen Beziehungen zu pflegen, Stress abzubauen und Ihre Vision zu verfolgen. Behalten Sie das große Ganze im Blick und beschäftigen Sie sich mit den ethischen Aspekten Ihres Handelns.

6. Schließlich sind Sie Unternehmensführer geworden. Ihr Leadership baut auf Vertrauen und lässt Ihrem Managementteam die Freiheit dafür zu sorgen, dass Ihre Organisation funktioniert. Sie geben mit Ihrer Vision und Ihren Werten, die beim Team bekannt sind, die allgemeine Richtung vor.

TO DO

Kommunizieren Sie deutlich und bleiben Sie dabei Ihren Prinzipien treu. Bleiben Sie optimistisch und nehmen Sie sich die Zeit und die Energie, Ihre Mitarbeiter zu den umzusetzenden Veränderungen zu motivieren. Behalten Sie Ihre Umgebung im Blick und seien Sie, wenn nötig, bereit, alles umzuwerfen – denn Sie haben ein Netzwerk aufgebaut, dass sich für Ihre Vision einsetzen wird.

Karriere macht man, indem man Erfahrungen sammelt. Leadership-Kompetenzen bauen Sie daher nur aus, wenn Sie Ihre Komfortzone verlassen und neue Herausforderungen wagen, bei denen Sie immer mehr Verantwortung übernehmen.

Ihre Meinung ist uns wichtig!
Hinterlassen Sie doch einen Kommentar auf der
Seite unserer Online-Buchhandlung
und teilen Sie Ihre Favoriten in den sozialen
Netzwerken!

DARÜBER HINAUS

LITERATURVERZEICHNIS

- Bar-On, Reuven: „The Bar-On model of emotional-social intelligence (ESI)". In *Psicothema* 18 (1, 2006). S. 13-25.

- Blake, Robert; Mouton, Jane: *La troisième dimension du management.* Éditions d'Organisation: Paris 1987.

- Charan, Ram; Drotter, Stephen; Noel, James: *The Leadership Pipeline. How to Build the Leadership Powered Company.* Jossey-Bass: San Francisco 2011.

- Getz, Isaac; Carney, Brian M.: *Liberté & Cie. Quand la liberté des salariés fait le bonheur des entreprises.* Fayard: Paris 2012.

- Gibeault, Diane: „Forum Ouvert – Incitation au leadership partagé et à la responsabilisation". In: Koehler, Christine: *Livre Blanc sur le Forum Ouvert.* Paris 2012. S. 13-17. http://www.forum-ouvert.fr (07.01.2019).

- Hersey, Paul; Blanchard, Kenneth H.: *Management of Organizational Behavior: Utilizing Human Resources.* Prentice Hall: Englewood Cliffs 1977.

- Kotter, John P.: „Qu'est-ce que le leadership?" In *Harvard Business Review. Le leadership.* Éditions d'Organisation: Paris 1999. S. 40-61.

- Kouzes, James M.; Posner, Barry: *The leadership Challenge. How to make extraordinary things happen in Organizations.* 5. Aufl. Jossey-Bass: San Francisco 2012.

- Nestec LTd. Human Resources Department: *Die grundlegenden Management- und Führungsprinzipien von Nestlé.* 2005. https://www.nestle.de/asset-library/documents/unternehmen/management-leadership-principles-de.pdf (07.01.2019).

- Schindler, Paul L.; Thomas, Cher C.: „The structure of interpersonal trust in the workplace". In *Psychological Reports* 73(2, 1993). S. 563–573.

- Kets de Vries, Manfred F. R.: „Archétypes de leadership et équipe de direction". In *Gestion* 33(2008). S. 48-60.

- Zaleznik, Abraham: „Managers et leaders, en quoi sont-ils différents?" In *Harvard Business Review. Le leadership.* Éditions d'Organisation: Paris 1999. S. 62-87.

WEITERFÜHRENDE LITERATUR

- Fritzsche, Thomas: *Wer hat den Ball? Mitarbeiter einfach führen.* Herder: Freiburg 2016.

- Kets de Vries, Manfred F. R.: „The Eight Archetypes of Leadership". In *Harvard Business Review* (18.12.2013).

https://hbr.org/2013/12/the-eight-archety-pes-of-leadership (07.01.2019).

- Kotter, John P.: „Management Is (Still) Not Leadership". In *Harvard Business Review* (09.01.2013). https://hbr.org/2013/01/manage-ment-is-still-not-leadership (07.01.2019).

- Zaleznik, Abraham: Managers and Leaders: Are They Different? In *Harvard Business Review* (Jan. 2013). https://hbr.org/2004/01/managers-and-lea-ders-are-they-different (07.01.2019).

MEHR AUF 50MINUTEN.DE

- Frenkel, Laurie: *Der neue Minuten Manager. Zusammenfassung & Analyse des Bestsellers von Ken Blanchard und Spencer Johnson. Autonomie statt Autorität.* Aus dem Französischen von Ruth Alvermann. Plurilingua Publishing: Brüssel 2019.

www.50Minuten.de

ISBN digitale Ausgabe: 9782808013826

ISBN gedruckte Ausgabe: 9782808013833

Pflichtexemplar: D/2018/12603/450

Cover: © Plurilingua

Digitale Aufbereitung: Primento, der digitale Partner der Herausgeber